MAURICE STRAUSS

Autour

D'UN

Congrès

Prix : 50 Centimes

PARIS

CHAMUEL, ÉDITEUR

5, RUE DE SAVOIE

1899

Autour

D'UN

Congrès

MAURICE STRAUSS

Autour

D'UN

Congrès

Prix : 50 Centimes

PARIS

CHAMUEL, ÉDITEUR

5, RUE DE SAVOIE

1899

Autour

D'UN

Congrès

Quelques penseurs avaient opposé la sociologie aux théories vaines de l'économie politique.

Ils avaient créé le socialisme.

Mais la foule se méprit. Elle crut que la science nouvelle, l'état social futur, n'avaient été imaginés que pour le soulagement des misérables.

Tant que le socialisme fut confiné dans le sentiment, il resta une utopie.

Cependant, quoique faussée, l'idée faisait du chemin. Les adeptes venaient nombreux. Leur foule, violente, exaltée, désirait la révolution immédiate.

Les formidables appareils de répression dont les gouvernements capitalistes disposent furent mis en action.

La persécution commença. Traqués, honnis, emprisonnés, les apôtres du socialisme n'en répandirent pas moins la parole de vérité.

On sut bientôt que ce n'était pas un cri d'affamés qui retentissait aux oreilles des jouisseurs. On s'aperçut que c'était une révolte. La révolte des exploités. La revendication des salariés qui créent, produisent, contre les parasites qui vivent du labeur d'autrui.

Dès lors surgit la lutte de classes.

Pour que la lutte devint effective il fallait passer aux moyens d'action.

Des tentatives partielles vite réprimées échouèrent misérablement.

Il y aura trente ans bientôt, les événements favorisaient singulièrement un coup de force. Exaspéré, par une recrudescence de misère, de folles souffrances, le peuple de Paris proclama la Commune.

Là-haut, sur la butte Montmartre, en guise d'expiation, une basilique fut juchée.

Après que des officiers qui n'avaient pu vaincre les Prussiens, furent repus de massacre, le clergé, voyant l'ordre rétabli, reprit sa besogne.

Le Sacré-Cœur domina Paris.

Paris qui régit la France.

Mais le battant de la Savoyarde frappe sur une paroi fêlée. Le peuple écoute. Il se souvient !

Après la Semaine sanglante il y eut comme une hésitation...

Et peu à peu, éclairés par les progrès du socialisme en Allemagne, nos militants comprirent que ce qu'il fallait c'était attaquer le capitalisme, le battre, avec ses propres armes.

Le socialisme devint un parti politique.

Il inscrivit dans son programme la conquête des pouvoirs publics.

L'essor fut rapide, heureux...

Mais un ennemi veillait, plus adroit, plus dangereux que le capitalisme.

Depuis que le monde est monde, le prêtre a travaillé au maintien de l'inégalité sociale. Allié aux puissants, aux riches il a dit au pauvre : « Résigne-toi ! C'est la volonté de Dieu ! Là-haut tu trouveras ta récompense. »

L'astronomie a eu beau nous prouver qu'il n'y a rien « là-haut » que ce que nous y voyons le jour, se trouve être « en bas » la nuit, des niais persistent à croire que « là-haut » c'est le Paradis, « en bas » l'Enfer.

Ce miroitement d'une récompense céleste, la menace des châtiments infernaux, voilà le secret de la force séculaire de l'Eglise.

Mais souvent les riches sont aussi bêtes que les pauvres.

Quand le prêtre s'est aperçu de la bêtise de son allié, quand il a vu que le riche également croyait au Paradis et à l'Enfer, il a voulu le dominer aussi. Comme déjà il dominait l'exploité, il a voulu régner sur l'exploiteur.

Et peu à peu, depuis des siècles, le clergé catholique, avide de puissance, attire à l'Eglise toute la fortune publique, accapare la domination du monde entier.

Et dans ce clergé, une coterie redoutable entre toutes, et par l'astuce des moyens, et par la ténacité de l'effort : la Congrégation des Jésuites.

Or, le socialisme est une barrière infranchissable.

L'Eglise a tenté d'abord de l'abattre. Cela semblait facile. A son début, le socialisme paraissait une chimère. Même les ouvriers riaient de cette utopie.

Il a fallu l'infatigable labeur des militants pour faire pénétrer l'idée dans les masses. Il fallait résister aux persécutions des patrons, du clergé, du gouvernement, pour activer cette propagande à l'atelier, la seule efficace.

Que l'on se rappelle, ce qu'était le socialisme il y a dix ans à peine.

Quand le clergé vit cette poussée formidable, cette marche en avant, des prolétaires qui revendiquent leurs droits. Quand il s'aperçut qu'en Allemagne comme en France, en Belgique comme en Italie, le peuple, las de souffrir, délaissait l'église pour le meeting, il dut convenir que le mouvement est irrésistible.

Au lieu de continuer à s'y opposer, ils pensa le diriger à son profit.

L'Eglise a évolué.

Pie IX était un soldat. Et l'ancien capitaine de dragons menait ses hordes noires à l'assaut des libertés modernes, comme jadis il conduisait une charge de cavalerie.

Pie IX aimait l'argent. D'un amour sincère et naïf. Les pèlerins arrivaient. Il tendait sa large paume et quand il y voyait tomber les louis de France, les ducats d'Autriche, les souverains d'Angleterre, sa face grasse s'épanouissait, il riait d'un rire d'enfant, un rire candide et attendri. Il se consola assurément de la perte de Rome, en songeant que le Denier de Saint-Pierre lui restait.

Mais il fronçait les sourcils, quand il entendait gronder le peuple qui réclamait ses droits. « Du plomb pour la canaille ! s'écriait-il. Que l'ouvrier travaille et qu'il prie ! »

Pie IX détestait les Jésuites. Il les craignait, les subissait, mais jamais il ne négligeait l'occasion de les contrecarrer.

Tout autre est Léon XIII.

Il sait que c'est à l'hypocrisie que l'Eglise doit ses plus belles victoires. Il a imaginé le socialisme chrétien qui embrigade les ouvriers sous la bannière du Sacré-Cœur, tourné au profit des oppresseurs la poussée irrésistible des masses.

Il désire l'argent pour ce qu'il peut donner de domination et de puissance. C'est lui qui a dirigé vers le commerce, la finance, cette incroyable accumulation d'écus que les Jésuites, depuis le désastre de Lavalette, laissaient improductive, à l'exception de la faible part qu'ils pouvaient employer pour commanditer l'usure.

Sa diplomatie a fait merveille. La brutalité de

Pie IX restait stérile. Léon XIII, habile et cauteleux, a su donner au dogme expirant une vitalité nouvelle.

Tout ce qu'il entreprend, il le concerte avec les Jésuites.

Les exemples abondent. En voici un saillant :

Léon XIII est né à Carpinetto, un village perdu dans les montagnes, où, semblable à un nid d'aigles, s'élève le château des Pecci. Le pape a gardé une profonde affection pour le clocher natal. Quoique les événements l'aient tenu pendant un demi-siècle éloigné de Carpinetto, il ne cesse de témoigner qu'il en a le souvenir. Il y a fait édifier un vaste établissement, un palais. Nul, dans la région, ne pouvait ignorer que le Pape destinait cette magnifique bâtisse à devenir une école d'agriculture, dont la direction allait être confiée à des Bénédictins. Cependant, revenant sur sa décision première, Léon XIII a fait de cet immense palais un collège. Et les Jésuites en ont pris possession.

Certes, des esprits superficiels, sacrifiant à la blague, assurent que le Jésuite est un mythe. Que jadis, peut-être, bien avant la Révolution, il pouvait avoir été redoutable, mais que depuis, il est devenu tout à fait inoffensif.

Ces gens-là, eux-mêmes, non sans orgueil, se disent : « Je m'en foutistes ». Ils sont, par leur esprit étroit, un danger permanent pour le progrès, une des forces de la routine.

La vérité c'est que jamais la lutte de l'Eglise contre l'Esprit moderne n'a été aussi implacable. Et comme elle est avant tout sournoise, le Jésuite était bien indiqué pour la diriger.

Les forces de l'Eglise opèrent sous le commandement de la Congrégation.

Rien n'a été négligé pour la lutte. Des conférenciers, comme Brunetière, ont proclamé la banqueroute de la science. Des poètes, comme Coppée, ont vanté les douceurs de la religion.

Le puffisme aidant, en ce pays où les camelots distribuent la célébrité, où le matamore Guérin et le chansonnier Déroulède sont pris au sérieux, le terrain perdu a été vite reconquis.

Le désir de paraître, la préoccupation de passer pour des gens distingués, qui hante tous nos bourgeois, a été exploitée.

Malgré trois révolutions, la particule a toujours son prestige. Que l'aristocratie, caressant une impossible chimère, rêve encore le retour de l'ancien régime et se mette avec le clergé, cela se comprend. C'est la crainte de Dieu qui fait suer le pauvre pour le riche.

Le bourgeois enrichi a compris de même quel précieux allié il trouve dans le prêtre.

Voilà pourquoi il est dévot.

Ses fils sont élevés par les Jésuites. Et l'on sait qu'un cerveau pétri par les bons Pères, leur appartient.

Cependant, dans les milieux socialistes, pour une formule, des discussions surgissent.

Depuis quelque temps surtout, et principalement à propos de cette malheureuse affaire Dreyfus, les militants les plus vigoureux, ceux qui ont le mieux combattu pour le parti, deviennent suspects. On doute de leur sincérité. Et ce n'est pas la masse, la masse houleuse et mobile qui obéit plus à l'instinct qu'au raisonnement, ce n'est pas la masse seulement, qui a décrété la suspicion. Des militants sincères et convaincus doutent de leurs camarades, les accusent de trahir la bonne cause.

D'où vient le coup?

On ne sait. C'était, au cours d'une conversation banale, une phrase, une toute petite phrase, placée au hasard de la rencontre par un Monsieur quelconque, mais un Monsieur qui fréquente des socialistes.

Puis la phrase a été ramassée, colportée en des milieux bourgeois. Rochefort en a fait un article.

Savamment distillée, la calomnie, si burlesque qu'elle soit s'est infiltrée partout...

Et, de bonne foi, des socialistes sincères, de bons militants la répandent.

Dans tous les partis les Jésuites ont glissé de leurs créatures.

Que leur importe l'étiquette? Pourvu qu'elle couvre leur poison.

Ils ne sont pas seulement Assomptionnistes, oblats, curés de campagne — les bons curés de campagne des légendes fades.

Pour arriver à son but, le Jésuite prend toutes les formes.

Comme les Hollandais, au Japon, il foule le crucifix aux pieds, s'il y trouve son profit.

Est-ce que Rochefort ne se proclame pas athée, libre-penseur, socialiste?

Socialiste! Rochefort! Alors qu'il n'est pas un de ses actes, une de ses campagnes de presse qui n'ait tourné au détriment du parti.

S'il est au monde un Jésuite, jésuitant de jésuitisme, c'est bien M. le marquis de Rochefort!

Son dévouement à la République a toujours été une étiquette menteuse. Il feint d'embrasser « la Gueuse » pour mieux pouvoir l'étrangler.

Il est, d'ailleurs, un des débris de la Boulange. C'est tout dire!

Que Rochefort ait du talent, il n'est pas permis d'en douter. La preuve c'est qu'il a réussi à se faire prendre au sérieux.

Il a le droit de parler de tout sans rien savoir, car s'il manque d'arguments, il abonde en coq-à-l'âne.

Que Rochefort soit allé à « la Gamelle », c'est

assez naturel. Rochefort est une « .soupe ». Il a toujours trahi les camarades.

Sa duplicité est notoire. On se souvient des cent mille francs de Mme D.... On se rappelle comment Rochefort s'y prit pour faire croire qu'il avait extrait cet argent de sa poche et que, généreusement, il en faisait don à la verrerie de Carmaux.

A-t-il enterré l'Empire ?

Il aime qu'on le dise et se complaît devant son image en fossoyeur.

... Cependant, si jamais Rochefort a enterré quelque chose, ce n'a été que sa vie de garçon !

****

« Il faut une religion pour le peuple », disent les exploiteurs.

Et l'ouvrier répète : « Il faut une religion pour l'enfant. »

Certes, l'ouvrier français, l'ouvrier parisien surtout, agit plutôt par atavisme inconscient quand il fait baptiser son enfant, quand il lui fait faire sa première communion. Il n'y attache aucune autre importance que celle de festoyer un brin.

Au fond, nos travailleurs n'aiment pas les curés. Par instinct et par raisonnement. Ils sentent l'ennemi. Et toutes les littératures fades, toutes les imageries sentimentales n'y font rien.

Le *Petit Journal*, dans son supplément, a beau représenter des curés héroïques, des nonnes dévouées, ça fait rire l'ouvrier. Il sait que c'est aussi vrai que l'attitude vaillante de Déroulède à Montbéliard. Aussi sincère que cette « entrée de l'escadre russe à Toulon » que le *Petit Journal* mettait en vente à Paris, trois jours avant l'arrivée des Russes.

Certes, le socialisme chrétien a peu de chances

de réussir en ce pays. L'ouvrier français n'est pas clérical.

Cependant, les maisons du peuple chrétiennes se multiplient, et les œuvres pieuses foisonnent.

Il est vrai que chez les travailleurs qui consentent à se laisser embrigader par l'Eglise, toute conviction manque.

Ils n'agissent que par intérêt.

Mais des armées de mercenaires, n'en sont pas moins des troupes.

Depuis que le vrai socialisme, tous les jours un peu plus, attire à lui les prolétaires, les prêtres ont essayé de réagir.

Ils en sont toujours à la formule première. Celle qui assigne pour but : le soulagement des misères.

Déférant au vœu de leur Pape, les prêtres ont ressuscité cette antique charité chrétienne, qui sommeillait depuis si longtemps.

Charité qui, naturellement, ne dépasse pas l'aumône.

Et cette aumône ne va qu'aux hypocrites.

Or, on le sait, il est des moments dans la vie de l'ouvrier, où la tentation du pain de quatre livres devient irrésistible. Tous les ouvriers savent que s'ils consentent à avaler le bon Dieu comme hors-d'œuvre, la suite du menu sera plus grasse.

À Saint-Pierre de Chaillot, tous les dimanches, après la messe, le curé réunit les ouvriers du quartier qui ont bien voulu se laisser embrigader. On les a réunis en une confrérie : La Sainte-Famille. Les portes de l'église sont fermées. Les fidèles vulgaires ne sont plus admis, mais les membres de la Sainte-Famille montrent leurs cartes, les portes s'ouvrent pour eux.

Alors commencent une causerie, un sermon.

Pêle-mêle sur l'autel, gisent des vêtements, des victuailles. Des demi-livres de café, des pantalons de femme, des kilos de sucre, des vessies de saindoux, des gilets de flanelle. Même des jouets, de vieux jouets, rafistolés, dont les enfants riches n'ont plus voulu.

Le sermon, la causerie passent. Un ennui profond plane. Des bâillements sont réprimés. Mais la tombola intéresse.

Les lots sont nombreux.

Mais il n'y en a pas pour chacun.

Des femmes ne cachent pas leur désappointement.

Cependant, s'il y en a qui, plusieurs semaines de suite, n'ont rien gagné, elles auraient tort de garder le silence. Les avisées vont se plaindre à M. le Curé. Elles font observer, sur un ton aigre-doux, que ce n'est vraiment pas la peine d'observer si strictement les devoirs religieux, pour être si mal récompensée.

M. le Curé écoute ces doléances, promet d'intercéder auprès du bon Dieu. Et le jour même la bonne femme gagne quelque chose. Il suffit de parler. Aussitôt le bon Dieu corrige la chance.

Et, tous les dimanches, un peu partout, aux quatre coins de Paris, c'est la même scène en d'autres églises.

Peut-on blâmer les pauvres gens de chercher à obtenir du bien-être en échange des simagrées qu'on exige d'eux ?

L'Eglise qui cependant a de l'hypocrisie à revendre, estime qu'elle n'en a jamais assez. Elle en achète aux misérables.

Dans ces quartiers où les vieilles filles galantes sont devenues dames patronnesses, où les juives converties, les antiques douairières marchent pour le Roy et pour la religion, c'est une propagande mesquine et tatillonne. Des ouvriers sont renvoyés s'ils ne sont munis d'un billet de confession.

C'est la contrainte, la corruption qu'il

réprimer. Il est vrai qu'il n'est pas toujours facile de les reconnaître sous leur maquillage.

Il faudrait également exiger de l'Assistance Publique plus de célérité, plus de dévouement.

Sait-on qu'à Paris cinq mille vieillards de plus de 70 ans n'ont pas été hospitalisés.

Que veut-on qu'ils fassent ?

Que peuvent faire pour eux, leurs fils, leurs filles qui gagnent à grand'peine ce qu'il faut à eux-mêmes pour ne pas mourir de faim ?

Les lenteurs, le mauvais vouloir de l'Assistance Publique amènent les nécessiteux au curé, qui rôde autour d'eux avec des écus.

La contrainte, la corruption peuvent beaucoup.

L'Eglise sait où elle va.

Elle n'ignore pas que l'ouvrier qui se moque du curé tout en acceptant ses dons, se croit tout de même ｛tenu à donner quelque chose en échange.

A la Villette, les quelques électeurs de M. Sabran de Pontevès ont voté par reconnaissance du ventre.

Ils ne se gènent pas pour l'avouer.

Il semble que la présence d'un socialiste ait suffi pour que le Gouvernement devînt le plus démocratique de tous les Gouvernements qui se sont succédé en France depuis l'avènement de cette troisième République.

Le Gouvernement n'ignore pas combien de difficultés lui suscitent les prêtres et les moines, aussi bien dehors que dans le pays.

Ils n'ont pas seulement fomenté le grand complot de l'immense Déroulède.

Ils ont encore produit Fachoda.

Depuis longtemps c'est le rêve du Pape de susciter une coalition contre l'Angleterre, qu'il n'a pas su convertir au catholicisme malgré tous ses efforts.

L'Allemagne, l'alliée que les cléricaux nous souhaitent, n'attendait que le moment du conflit. Et le voyage de Guillaume·à Londres n'a été entrepris, certes, que pour bluffer la France.

Grâce aux cléricaux, M. Delcassé, qui agit dans un esprit vraiment démocratique, a fort à faire pour réparer les fautes de ses prédécesseurs.

Il importe que le Gouvernement se défende et défende les travailleurs contre les intrigues, la corruption de la gent noire.

Il ne s'agit pas de manger du curé.

On ne mange pas la vermine.

Lorsque la République bourgeoise vacillante, presque écroulée sous les turpitudes dévoilées par l'Affaire Dreyfus, se raccrocha au Socialisme, les socialistes ne lui marchandèrent pas leur appui.

Mais comme nous l'avons dit plus haut, le socialisme devenu parti politique aspirait à la conquête des pouvoirs publics.

Donnant, donnant.

M. Waldeck-Rousseau pouvait compter sur l'appui des socialistes pour étayer sa République chancelante, mais qu'offrait-il en échange?

Un portefeuille de ministre.

Bien! Mais quel ministère?

Après bien des tiraillements, après une longue hésitation — on se souvient des allées et venues — le chef du cabinet offrit au citoyen Millerand le portefeuille du Commerce et de l'Industrie.

Un ministre socialiste! Jamais on n'avait vu ça!

Dans toute l'Europe, même dans la libre Amérique, tous les travailleurs, tous ceux qui peinent pour un maigre profit, tournaient avec ferveur leur pensée vers la France, le pays libérateur.

Mais la portée de cette prise de possession d'un ministère par un socialiste était plus grande encore, par ce fait qu'il s'agissait du Ministère du Commerce et de l'Industrie.

Celui qui s'occupe de la distribution, de la production des richesses, comme on dit en argot économique.

Cependant, les bourgeois ricanaient. Ils reprenaient la vieille utopie sentimentale. « Un socialiste ministre, est-ce que cela se comprend ? Un socialiste doit être un affamé, un souffreteux(*)! »

Ces ricanements cachaient de l'effroi.

Les Jésuites trouvèrent mieux.

Pour leur compte, Rochefort estima qu'il était déshonorant pour le socialisme que Millerand eût consenti à siéger à côté de M. de Galliffet.

L'argument était d'une pauvreté navrante.

Le citoyen Millerand ne pouvait raisonnablement exiger que le Ministère de la Guerre fût confié à un socialiste.

Que le socialisme ait fait des progrès dans l'armée, cela n'est pas douteux. Si les généraux l'ignoraient, depuis longtemps le Coup d'Etat aurait été accompli.

(*) On a dit de Millerand qu'il est un arriviste... Tant mieux ! Si c'est vrai. Qu'il fasse sa fortune, qu'il la fasse énorme, si ça lui permet de faire celle des travailleurs.

A ce propos, il convient de relever la plate erreur de beaucoup de bourgeois et de quelques socialistes. Quand on leur parle de la sincérité d'un militant à qui ses moyens permettent de se procurer les douceurs de l'existence, ils haussent les épaules : « S'il était vraiment socialiste, il commencerait par donner son argent aux pauvres. »

Hélas ! Les pauvres sont nombreux. Et l'avilissante aumône n'a jamais été efficace. De plus, dans la société actuelle, un homme dénué d'argent est condamné à l'impuissance. Tous les moyens d'action exigent de l'argent.

C'est exactement comme si on disait à un médecin, dont la vue est excellente et qui rechercherait les moyens de guérir les aveugles : « Commencez par vous crever les yeux, on vous croira sincère ».

Mais le général socialiste ne s'est pas encore fait connaître. On ne sait s'il existe. Peut-être est-ce M. de Galliffet?

Le jour où tous les ministres seront socialistes, il le sera également.

Donc, le reproche était puéril. Et l'on peut s'étonner que des socialistes sincères, des militants convaincus, comme les citoyens Guesde et Vaillant, qui n'ont en vue que le bien du parti, aient pu le ramasser le long des colonnes de l'*Intransigeant*.

Introduit dans les milieux socialistes, il s'est ancré en bien des cervelles, peu habituées pourtant à se laisser oblitérer.

Et pour quelques-uns, l'infime minorité, heureusement, le citoyen Millerand est un faux frère qui a cessé d'être socialiste, depuis qu'il est devenu ministre.

D'autres polémistes moins puffistes que Rochefort, ont trouvé quelque chose de plus sérieux.

« Le citoyen Millerand n'aurait pas dû accepter le portefeuille — ont-ils dit — un socialiste ne peut être ministre. Parce qu'un ministre socialiste est forcé parfois de prendre, d'accord avec ses collègues, des mesures en contradiction avec le programme socialiste. Donc, quoi qu'il fasse, un ministre socialiste est un homme perdu pour son parti. »

L'argument est spécieux.

Car, si le ministre socialiste, après avoir lutté, obtenu des amendements, se voit contraint de céder, qu'il doive laisser adopter ces « mesures contraires au programme » socialiste à son tour, par compensation, il pourra obtenir de ses collègues leur assentiment à des mesures propres à assurer le progrès du socialisme.

Si aucun socialiste n'avait fait partie du ministère, les mesures antisocialistes auraient été prises tout de même. Plus rigoureuses sans doute. Et, par contre, aucune compensation n'aurait été possible.

Au surplus, il est certain que depuis qu'il est au pouvoir, Millerand a fait plus pour la classe ouvrière que tous ses prédécesseurs depuis l'avènement de cette troisième République.

Tout d'abord l'application de cette loi sur les accidents...

Elle avait été promulguée le 9 avril 1898. Depuis elle était restée lettre morte.

Sous prétexte d'en faire bénéficier les travailleurs des champs, le Sénat comptait la faire ajourner indéfiniment.

La sollicitude du Sénat était stupéfiante. Les bras lui en tombaient, à cette agriculture qui manque de bras.

Le citoyen Millerand rendit vaine la puérile échappatoire du Sénat.

Il a déploré que les législateurs eussent oublié une catégorie si intéressante de citoyens : les ouvriers champêtres. Il a fait valoir que ce n'était pas une raison, parce que la loi était incomplète, de ne pas en retirer tout le bien qu'elle peut donner. Il a promis qu'il s'occuperait de réparer la faute de ses prédécesseurs, de faire compléter la loi, mais il exigea qu'elle fût appliquée sans retard.

Malgré leur opposition, malgré le jeu de leurs influences étayées par la sournoise intervention du clergé, les capitalistes, les patrons durent s'incliner.

Ils tentèrent vainement, comme dernière ressource, d'interpréter la loi faussement. Ils voulurent retenir sur le salaire de l'ouvrier, une partie ou même la totalité de la prime qu'ils doivent payer à l'assurance.

En un mot, ils voulaient encore faire retomber la charge sur le dos de « cette bonne canaille de peuple ».

Le citoyen Millerand intervint. Par une circulaire ministérielle il expliqua que la responsabilité patronale étant établie, les entrepreneurs devaient supporter les charges de l'exploitation.

Par la loi-décret du 10 août 1899, Millerand réagit sur les conditions du travail. Il les rendit plus favorables à l'ouvrier.

Pour les adjudications de l'Etat, l'entrepreneur ne peut plus violer les clauses et conditions inscrites au cahier des charges. C'est la suppression du marchandage. C'est la limitation des heures de travail. C'est le paiement assuré du salaire normal établi par les commissions mixtes. Enfin, c'est la faculté laissée aux municipalités de stipuler des conditions humaines de travail, sans avoir à craindre la décision d'un Conseil d'Etat qui les annulerait.

Il faut encore louer Millerand d'avoir le premier osé porter un regard curieux sur le travail fait dans les ouvroirs.

On sait ce que c'est. Des usines où de pauvres filles, des enfants, sont astreintes par les bonnes sœurs à une besogne de galériens. Ça se pratique par charité. De riches ganaches donnent de l'argent pour que les nonnes recueillent, élèvent des orphelines. L'Etat en donne aussi. Tout le monde en donne. Les bonnes sœurs trouvent que ce n'est pas assez, elles exploitent encore le travail de ces enfants. Conséquence première, tout comme pour le travail fait dans les prisons, l'avilissement des salaires.

Certes, Millerand n'a pu encore déraciner l'abus. Mais il a commencé. Et dans ces choses-là, comme on sait, il n'y a que le premier pas qui coûte.

Il est hors de doute que la paye à la quinzaine, déjà acceptée par la Chambre sera votée et amendée par le Sénat, grâce à la demande du citoyen Millerand, déférant ainsi au vœu des travailleurs.

On le voit, par cet exposé, si rapide, qu'il n'a pas été possible d'y relater tout, ce qu'a fait Millerand, depuis les quelques mois qu'il est au pouvoir, pour l'amélioration du sort des travailleurs.

Or, quelles sont les mesures antisocialistes auxquelles il a consenti ?

Il a donc prouvé que dans un ministère bourgeois, un ministre socialiste n'est pas un homme perdu pour son parti.

En admettant que ses collègues s'opposent à ce qu'il se hâte vers la réalisation de l'idéal collectiviste, il n'en est pas moins vrai qu'en augmentant le bien-être du travailleur, en renforçant ses droits, il lui aura donné une résistance plus grande pour cette lutte de classes qui doit assurer le triomphe du parti, la régénération sociale.

Cependant quelques militants — sincères nous aimons à le croire — ont presque décrété d'accusation le citoyen Millerand.

Sont-ils revenus de leur première erreur ?

Voyant l'ouvrier à l'œuvre, ont-ils fini par se convaincre que l'œuvre était bonne, l'ouvrage excellent ?

Attendons...

Voyons ce qu'on en dira au Congrès socialiste qui va se réunir.

_

C'est le 3 décembre prochain que siégera le Congrès Socialiste.

Son ordre du jour est ainsi conçu :

1° *La lutte des classes et la conquête des pouvoirs publics*.

a) Dans quelle mesure et conformément au principe de la lutte de classes, base même de l'organisation du Parti, celui-ci peut-il participer au pouvoir dans la commune, le département et l'Etat ?

b) Voies et moyens pour la conquête du pouvoir.

Action politique (électorale et révolutionnaire). Action économique (grèves, grève générale, boycottage, etc.).

2° De l'attitude à prendre par le Parti socialiste dans les conflits de diverses fractions bourgeoises.

Lutte contre le Militarisme, le Cléricalisme, l'Antisémitisme, le Nationalisme, etc., etc.

3° De l'unité socialiste : ses conditions théoriques et pratiques.

Direction et contrôle par le Parti des divers éléments d'action, de propagande et d'organisation.

Il s'agira donc tout d'abord de féliciter le citoyen Millerand pour son œuvre de bon socialiste et de l'engager à persévérer.

Après quoi on discutera sur « l'attitude à prendre par le parti socialiste dans les conflits des diverses fractions bourgeoises ».

En termes moins ambigus, en termes plus clairs — c'est-à-dire plus dignes de socialistes — on saura s'il faut louer ou blâmer Jaurès et Millerand d'avoir pris attitude dans l'affaire Dreyfus.

Guesde disait naguère : « L'Affaire Dreyfus c'était querelle entre bourgeois. Nous, socialistes, aurions dû tout simplement marquer les coups ».

Evidemment réduite à cette appréciation, l'Affaire Dreyfus aurait dû être négligeable pour des socialistes militants, qui n'ont pas à égailler leurs efforts, mais à les concentrer vers le but unique : la régénération sociale.

Qu'un officier soit condamné par ses pairs ?

Que nous importe.

Qu'on en fasse des choux ou des raves. Il est des infortunes moins tapageuses, beaucoup plus banales parce qu'elles sont nombreuses et qui doivent nous toucher davantage.

Si l'officier n'a pas commis le crime pour lequel il a été condamné ; si son innocence apparaît indéniable ;. si la mauvaise foi de ses accusateurs

éclate ; si la machination se révèle ; si la rage des
furieux et des sots s'acharne sur ses défenseurs ;
tout cela peut rendre cet homme sympathique.

On peut le plaindre...

Mais quoi ?

Tous les jours les tribunaux condamnent à l'aveu-
glette.

Chacun sait qu'en France le chapeau haut de
forme a toujours raison contre le chapeau melon.
Qu'il suffit d'être riche, d'avoir de belles relations,
pour se mettre au-dessus du commun. Personne
ne peut ignorer que le bagne regorge d'innocents
et que des coupables avec morgue tiennent le haut
du pavé.

Que demande la justice ?

Un coupable ?

Non ! Un accusé. Si c'est un homme de peu, son
affaire sera vite bâclée. Des indices, des présomp-
tions tiennent lieu de preuves. Pour un commissaire
de police un peu dégourdi, un juge d'instruction
légèrement retors, un président qui connaît son
métier, c'est vite fait de transformer un accusé en
condamné.

S'il fallait contrôler de près les décisions de
justice, il en est bien peu qui résisteraient à la cri-
tique ! Et s'il fallait pour chaque erreur de magistrats, — volontaire ou non, — faire couler des flots
d'encre, tous les socialistes de France, transformés
en écrivains, ne suffiraient pas à la tâche.

Certes, s'ils ne veulent dévier, s'ils veulent mar-
cher droit au but du socialisme, l'effort des militants
ne doit pas s'amuser à ces détails.

Pour ceux qui ne voient dans l'affaire Dreyfus
que la substitution d'un innocent à un coupable,
Jaurès et Millerand ont eu tort de lutter pour le
droit. Pour ce droit factice, tissu de laborieuse infa-
mie, toile d'araignée immonde où viennent s'empê-

trer les loyaux et les sincères; où les canailles, les
exploiteurs se meuvent à l'aise.

Dans son ensemble, la justice est néfaste. Qu'elle
soit civile, qu'elle soit militaire. Peu importe qu'elle
condamne des innocents, puisqu'une grande partie
des condamnés, de ceux qui ont, en effet, commis le
délit ou le crime imputé, ne sont pas coupables en
droit socialiste, un droit qui n'a rien à voir avec
celui des codes.

Mais dans l'affaire Dreyfus il y a autre chose,...

Pour les socialistes — de jour en jour plus rares
— qui lisent l'*Intransigeant*, estiment que c'est un
journal de bonne foi, Jaurès et Millerand semblent
d'autant plus dignes d'être blâmés, que la culpabilité
de Dreyfus paraît un fait acquis.

Ces socialistes sont des sincères. Mais leur
entendement passablement lourd, leur esprit peu
cultivé ne leur permet pas de discerner le vrai du
faux.

Leur journal les a affolés. Ils y lisent que le sys
tème social actuel est une iniquité, que le catholicisme est une duperie.

Ils croient que le rédacteur qui a écrit ça pense
comme eux. Hélas! Ils ne s'aperçoivent pas que
l'étiquette est menteuse. Elle annonce du beau vin
rouge socialiste, elle ne couvre qu'une liqueur fre-
latée de curés. En réalité, l'écrivain de leur choix
pousse au maintien de l'iniquité sociale en semant
— selon la méthode jésuite — la haine et la suspicion parmi les militants du parti. Il éternise la duperie catholique en faisant le jeu de ce clergé qu'il
feint d'avoir en horreur.

Pour ces socialistes naïfs, il aurait fallu montrer
quelle est la philosophie qui se dégage de l'Affaire
Dreyfus.

On a tout dit sur l'Affaire. Et l'on a été trop prolixe.

Certes, pour le penseur la lumière est faite depuis
longtemps.

Mais les penseurs sont une élite.

Une foule qui n'est pas une élite lit le *Petit Journal* et l'*Intransigeant*. Et ces lecteurs au cerveau oblitéré n'ont jamais su ce que c'est que la logique. Ils sont accessibles aux contes les plus grossiers. Les mêmes invraisemblances, les mêmes bourdes choquantes, les trouvent crédules, qu'elles soient étalées dans le feuilleton ou dans le corps du journal.

C'est pour ceux-là qu'il aurait fallu écrire tout au moins un opuscule . Non pas ressasser un amas compendieux de documents. Ni des thèses d'une dialectique abstruse, avocassière. Ni des injures et des dénigrements.

Pour eux, il aurait fallu reprendre l'Affaire à ses débuts, la suivre dans ses principales phases.

Dire pourquoi Dreyfus fut accusé. Pourquoi il fut condamné. Pourquoi cinq ministres de la guerre l'ont déclaré coupable. Pourquoi le jugement de Rennes, avec ses hésitations.

Tout cela on aurait pu l'écrire en quelques pages.

Cet opuscule, on aurait pu l'intituler : *l'Innocence de Dreyfus à la portée des esprits simples.*

Cependant la grande majorité des socialistes ont pu se convaincre, par le compte rendu des débats, que Dreyfus est innocent.

Mais cette conviction ne les autorise pas à louer Jaurès et Millerand d'avoir distrait leurs efforts de la cause sociale au profit de Dreyfus.

C'est qu'ils sont rares les esprits qui d'un ensemble de faits dégagent la philosophie, en perçoivent les causes.

Cette troisième République s'est carrée sur les ruines de la Commune. Mais si la Révolution a avorté, l'Évolution marche. Et depuis trente ans par cette politique sage et prudente qui nous a permis d'envoyer à la Chambre des députés socialistes, qui vient de permettre la conquête d'un pouvoir public, par le socialiste Millerand, depuis trente ans nous nous approchons de plus en plus de notre but.

Avec des haltes, souvent. Avec des régressions parfois.

L'essentiel c'est de ne pas trop reculer. Mieux vaut encore piétiner sur place.

Or, cette République qui semble à présent vouloir devenir vraiment la bonne Marianne, depuis sa naissance, les Jésuites la guettent.

On le sait, l'idéal du clergé, c'est la monarchie.

La monarchie, la ruine de toutes les libertés acquises, le retour aux privilèges des nobles et de la ploutocratie.

Le triple idéal du clergé, c'est l'avènement d'un roi ou d'un empereur au trône de France, la main-mise sur toute la propriété foncière, le prosélytisme abondant du socialisme chrétien.

Le socialisme chrétien, c'est-à-dire la résignation aux décrets de la Providence, le respect aux riches, aux puissants, l'obéissance au clergé.

On a vu par ces procès Dreyfus, comment les créatures des Jésuites agissaient dans l'armée.

Quand, sans s'esclaffer, on entend Déroulède se déclarer le défenseur du peuple, il est permis de croire que le socialisme chrétien a recruté des âmes.

Depuis trente ans, les Jésuites poursuivent leur œuvre.

Le magot trouvé chez leurs avatars : les Assomptionnistes, montre qu'ils disposent de certains moyens d'action.

Des moyens qui leur permettent de se payer tous les hommes qui sont à vendre.

Ils en ont dans tous les camps.

Prenons Rochefort pour exemple.

Rochefort se déclare l'ennemi des Jésuites. Il se dit socialiste.

Les jobards seuls ignorent que Rochefort agit

pour le compte des Jésuites, et qu'il ne feint d'être leur ennemi que pour mieux les servir. De même qu'il se dit socialiste pour mieux pouvoir dénigrer les militants sincères et jeter ainsi le désarroi dans le parti.

Rochefort passa aux Jésuites lorsque Jules Ferry proposa l'article 7.

Certes, les Jésuites furent trop malins pour vouloir que Rochefort les défendît ouvertement. Il dut se borner à démolir Ferry. Il le fit selon sa méthode habituelle. Celle qui porte sur les cerveaux médiocres. En diffamant un nez, en imaginant des histoires de concierge.

Depuis, dévoué à toutes les basses besognes que ses patrons exigent de lui, Rochefort n'a pas cessé de combattre cette République, pour laquelle il feint une affection immense, et de préparer le retour d'un souverain.

Depuis le Seize-Mai, l'ennemi n'a pas désarmé. Ce complot où le grotesque Déroulède semble avoir joué le principal rôle, n'est qu'un acte de ce drame sombre que les Nationalistes comptent finir par l'égorgement de Marianne et l'apothéose du Roy.

De ce drame ténébreux, l'Affaire Dreyfus fut un autre acte.

Et l'on peut savoir gré aux réactionnaires de l'avoir inventée, car elle a jeté un peu de jour, un peu de lumière, sur ces escarpes de haut rang, sur cette congrégation redoutable.

Les plus aveugles ont dû se rendre à l'évidence. Ils ont dû se rendre compte que Gambetta — « le borgne », comme l'appelait Rochefort — était inspiré quand il s'écriait : « Le cléricalisme, voilà l'ennemi. »

Oui, l'ennemi le plus urgent, c'est le clergé.

Il faut le combattre, non par amour de la République, mais pour atteindre à la rénovation sociale.

Tant que l'hypocrisie cléricale, avec son éternelle

duperie par les mots, pourra enrayer le progrès, le socialisme, forcément, piétinera, sur place, s'il ne rétrograde.

Le danger auquel il faut parer tout d'abord c'est le danger le plus proche.

Ces *Libre Parole*, ces *Croix*, ces *Intransigeant* qui sous des formes diverses concourent au même but, n'accusaient Dreyfus que pour sauver leurs patrons.

Le filandreux Drumont et Rochefort le gaga, sont unis dans une même besogne.

Jaurès et Millerand ont agi en bons socialistes en dépouillant cette Affaire Dreyfus de ses voiles, en montrant ce qu'il y avait là-dessous.

Démontrer l'innocence de Dreyfus, c'était mettre à nu la pourriture catholique, déceler ses infiltrations dans l'armée, la magistrature, l'administration.

Dreyfus gracié, réhabilité, peu importe.

Ce qu'il faudra exiger de nos militants, c'est qu'ils continuent la lutte, qu'ils étouffent dans son germe ce socialisme chrétien, ce leurre qui, si l'on n'y prend pas garde, arrêtera net l'essor du vrai socialisme.

*
* *

Reste à examiner le troisième point de l'ordre du jour du Congrès.

Il est ainsi formulé : « De l'unité socialiste, ses conditions théoriques et pratiques. Direction et contrôle par le Parti des divers éléments d'action, de propagande et d'organisation. »

C'est un défaut bien français que de vouloir tout réglementer, même ce qui se prête le moins à la réglementation.

C'est un défaut du terroir également que de confondre la brutalité avec l'énergie.

Comme si la brutalité qui provient de l'instinct n'était pas la négation même de l'énergie, effet de la raison.

L'effort subit, brutal, plaît en ce pays. Alors qu'on n'y comprend pas la suite d'efforts réfléchis, tenaces qui seuls peuvent faire atteindre le but et permettre de s'y fixer.

Voilà pourquoi tant de Francais souhaitent « un gouvernement fort » avec « un homme à poigne ».

Mais si « la poigne » c'est-à-dire l'autorité mesquine, tatillonne est haïssable venant d'un homme, elle l'est tout autant venant d'un parti.

L'Unité du Parti ?

Très bien !

Très bien, s'il s'agit d'union et non pas d'unification, ce qui est bien différent.

Toutes ces écoles, toutes ces petites chapelles, ne parlent que de tactique et de discipline.

Par la tactique et la discipline, on aboutit à une vaste mécanique qui exigera un mécanicien.

Quel sera au-dessus de tous ces petits tyranneaux, l'autocrate qui mettra la machine en mouvement ?

Quel sera le chef, le grand Pontife, qu'il faudra consulter dans les cas urgents ?

Car, on n'aura pas sans doute, la prétention au Congrès, de prévoir tous les événements. On aura beau codifier, multiplier les recettes à l'infini, délimiter les plus vagues formules, jamais on n'arrivera à une perception exacte de tout ce qui va se produire dans la politique intérieure et extérieure du pays.

Alors, que devront faire ces socialistes à qui leur situation, leur intelligence, permettraient de faire tourner ces événements imprévus au profit du parti ?

A défaut d'un chef investi du pouvoir le plus absolu, faudra-t-il qu'ils convoquent un nouveau Congrès ?

Mais les événements sont subtils et fugaces.

En politique, surtout, l'occasion perdue ne se rattrape jamais.

Ne vaudrait-il pas mieux se fier à l'intelligence, à la sincérité d'hommes qui ont fait leurs preuves ?

Ne faudra-t-il pas, surtout que les délégués au Congrès prennent en considération les petites misères humaines ? La jalousie de celui-ci, la vanité de celui-la... Et, que sais-je, tout le fond mesquin de la politique, qui, parfois, chez les meilleurs, jaillit à la surface, se montre à fleur de peau, et qu'alors ils s'évertuent encore à masquer sous des couleurs de dévouement et de sincérité.

Que l'on se méfie au congrès de ces petites compétitions entre chefs d'écoles.

Que l'on refrène un peu cette belle ardeur.

Faute de quoi la lutte de classes pourrait bien dégénérer en bataille d'écoliers.

****

Il faut conclure.

Si les discussions tatillonnes, les discours à perte d'haleine, sont évités, le Congrès peut faire œuvre utile.

Sur le premier point à l'ordre du jour, on saura reconnaître que, puisque le programme socialiste comporte la conquête des pouvoirs publics, on ne voit pas pourquoi un socialiste ne peut pas devenir aussi bien ministre que député. Même Président de la République, si c'est possible...

Sur le deuxième point, il conviendra de féliciter Jaurès et Millerand d'avoir pris attitude dans l'affaire Dreyfus et d'avoir ainsi aidé à dévoiler tant de turpitudes cléricales.

Il faudra enjoindre aux mandataires du parti, de continuer sans relâche la lutte contre le cléricalisme. De proposer et de faire voter toutes les lois propres à soustraire les enfants et les ouvriers à l'influence des prêtres et des moines.

En somme, le crédit chimérique dont se targuent ces proxénètes du bon Dieu, devrait tomber sous le coup de la loi bourgeoise, si les magistrats étaient logiques.

C'est de l'escroquerie de vendre des lots de Paradis.

Il faut combattre le socialisme chrétien. Le socialisme des mendigots.

Il faudrait également que le Congrès demande aux députés socialistes d'assurer la liberté des manifestations.

On l'a vu, récemment encore, lors de la fête du Triomphe de la République : quand la police ne malmène pas l'ouvrier, l'ordre n'est pas troublé.

Dès que les travailleurs sauront qu'ils peuvent en toute tranquillité manifester par des meetings et des cortèges, la rue sera barrée aux réactionnaires, aux minorités malfaisantes. On n'y verra plus ces bandes d'escarpes qui la souillaient naguère.

Alors la République, la bonne Marianne sera honorée et respectée.

Tous les travailleurs de France la défendront avec amour.

On peut être socialiste et patriote.

Paris. — Chamuel, imprimeur-éditeur, 5, rue de Savoie.